북극곰 엉덩이가 뜨거워!

글·그림 소중애

함께자람

밖에서 위이윙위이잉 매서운 북극 바람이 불고 있어요.
그래도 걱정 없어요.
얼음 동굴 속은 아늑하고 엄마 품은 따뜻하거든요.
쪽쪽쪽 젖 먹고, 코올콜 잠자고,
아라와 동동이는 아주아주 행복했어요.

"엄마, 저게 뭐예요?"
동동이가 물었어요.
"예뻐, 예뻐."
누나인 아라는 빛을 향해 앞발을 흔들었어요.
"오로라란다."
엄마가 웃었어요.

"엄마, 어디 가요?"
"세상을 살아가는 데 필요한 것들을 공부하러 간단다."
아라와 동동이는 세상 살아가는 데 뭐가 필요한지 몰라요.
졸래졸래 엄마만 쫓아갔어요.

엄마가 알록달록 예쁜 집들이
옹기종기 모여 있는 곳을 가리켰어요.
"사람들이 사는 곳이란다.
위험한 곳이니깐 가면 안 돼."

하늘과 눈밭이 붙었어요. 회색 눈보라가 몰아쳤어요.
엄마가 외쳤어요.
"얘들아! 내 옆에 바싹 붙어."
눈보라는
으워웡!
무서운 소리를 냈어요.
으워웡!
눈보라가 엄마와 아라와 동동이를 휘감았어요.

"꽈앙!"
커다란 빙산이 흘러와 부딪혔어요.
아라와 동동이는 회색 눈보라 속으로 날아갔어요.
아무것도 보이지 않고 아무것도 들리지 않았어요.
으워윙!
오직 날카롭고 무서운 바람 소리뿐이었어요.

들썩들썩 눈 밑에서 엄마가 나왔어요.
달싹달싹 눈덩이를 헤치고 동동이도 나왔어요.
"아라야! 아라야, 어디 있니?"
"……."
"아라야!"
"누나야!"
엄마와 동동이는 소리쳤어요.

소리는 파아란 하늘로 날아가 버렸어요.
"어딘가에 살아 있을 거야."
엄마는 중얼거렸어요.
"어디선가 씩씩하게 살아 있을 거야."
엄마는 자꾸만 중얼거렸어요.

동동이는 쭈르르 미끄러져도 우습지 않았어요.
떼구루루 굴러도 우습지 않았어요.
아라가 없으니깐 재미가 하나도 없어요.
하늘에는 알록달록 오로라가 천처럼 펄럭였어요.
"엄마, 누나도 저 오로라를 보고 있을까요?"
"그럼. 틀림없이 보고 있을 거야."
엄마가 동동이를 꼬옥 끌어안았어요.

동동이는 작고 귀여운 아이를 만났어요.
"안녕? 나랑 친구하자."
엄마가 소리쳤어요.
"여우잖아. 네가 왜 여기 있어? 당장 너희 집으로 가!"
엄마가 쾅쾅 발을 굴렀어요.
여우가 컁컁거리며 달아났어요.

"친구하려고 했는데……."
동동이는 너무너무 속상했어요.
"쟤는 여기에 오면 안 돼."
엄마는 고개를 저었어요.

"여우는 풀도 있고 나무도 있는 곳에서 살아.
여우가 이곳까지 왔다는 것은 날씨가 점점 더워진다는 거지.
정말 걱정이야."
입을 삐죽이며 동동이가 물었어요.
"날씨가 왜 더워지는데요?"
"사람들이…… 사람들이 우리가 사는 지구를 덥게 만들거든."
"왜요?"

"자동차 타고, 공장 돌리고, 쓰레기 함부로 버리고……. 여러 가지 것들이 지구를 덥게 만들지."
"칫! 사람들 나빠요."

엄마는 물속에 들어갔지만 아무것도 잡지 못했어요.

"후유."

얼음 위에 올라와 숨을 크게 쉬고 다시 물속으로 들어갔어요.

엄마는 작은 물고기 한 마리를 물고 나왔어요.

"먼바다로 나가야 물고기가 많은데 날씨가 더워져서

타고 나갈 얼음이 없구나. 정말 큰일이야."

엄마가 한숨을 쉬었어요.

물고기를 먹고 난 동동이가 칭얼거렸어요.

"아직도 배가 고파요."

아기 곰들이 얼음 틈에서 뭔가를 꺼내 먹고 있어요.
동동이도 얼음 틈에서 딱딱한 것을 꺼내 입에 넣었어요.
맛은 없지만 오도독오도독 씹는 소리가 재미있었어요.
"그건 먹는 것이 아니야. 큰일 나!"
엄마가 놀라서 플라스틱병을 빼앗았어요.

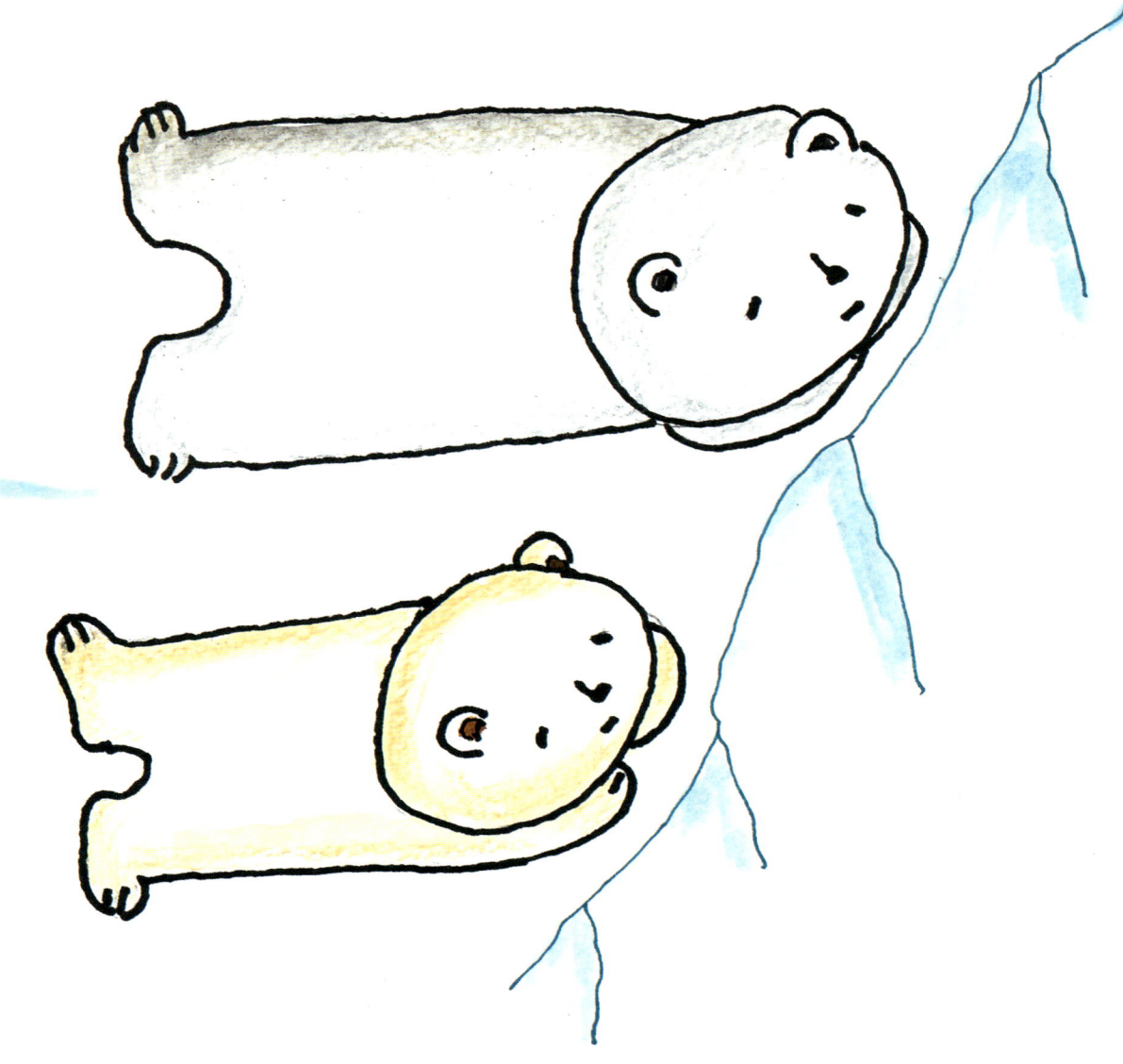

"타앙! 타앙!"
사람들이 사는 마을 쪽에서 무시무시한 소리가 들렸어요.
곰 두 마리가 도망치고 있었어요.
바람결에 기분 나쁜 냄새가 날아왔어요.

쓰레기통을 뒤지던 아기 곰이 사람들에게 잡혔어요.
그 아기 곰이 아라인 것을 엄마도 동동이도 몰랐어요.

엄마가 먹을 것을 가져왔어요. 킁킁킁 맛있는 냄새가 났어요.

"아까 도망친 곰들이 두고 간 거야. 먹어도 돼."

동동이는 냠냠냠 먹었어요.

"엄마, 맛있어요. 아주 맛있어요."

"그렇게 맛있어?"

엄마가 웃었어요.

엄마 배 속에서 꼬르륵 소리가 났어요.

며칠을 굶었어요.

동동이가 자는 동안에 엄마가 없어졌어요.

"엄마, 엄마!"

동동이는 울면서 엄마를 찾아 헤맸어요.

곰들이 말했어요.
"너희 엄마는 사람들 사는 곳에서 햄을 훔치다가 잡혔어."
"북극곰 감옥에 갇혔어."

동동이는 엄마를 찾아
마을로 내려갔어요.
북극곰 감옥에 갇혀 있는
엄마를 만났어요.
"위험해. 돌아가."
엄마가 속삭였어요.
"동동아."
옆 감옥에서 누군가 불렀어요.
아라였어요!
"누나!"
"동동아, 나 배고파."
아라가 울었어요.
엄마가 재촉했어요.
"우리 걱정 말고 빨리 가."

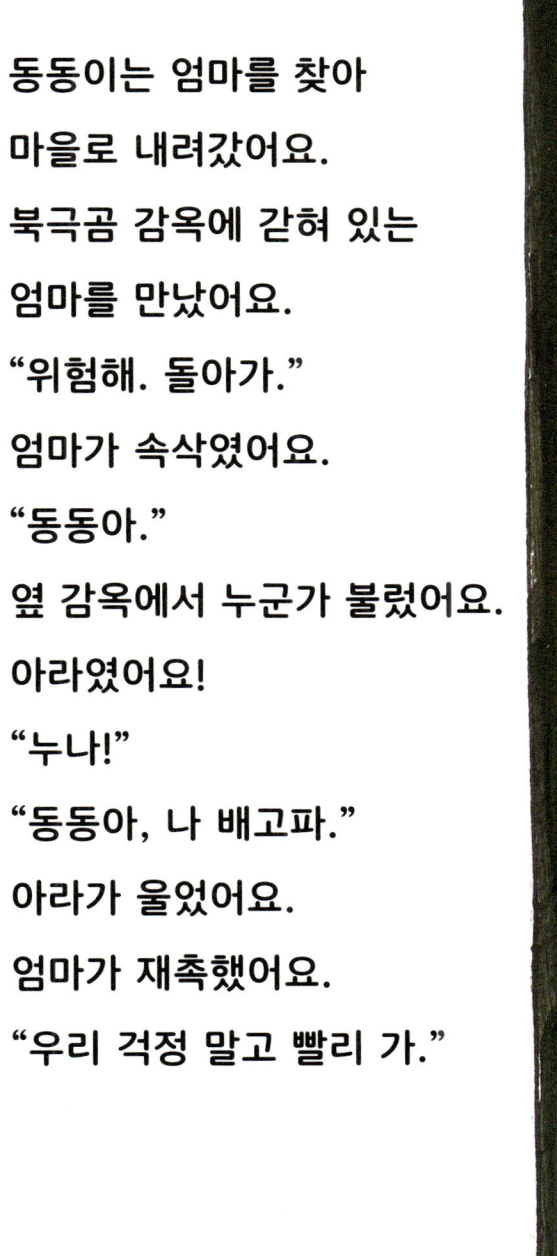

"물고기를 많이많이 잡을 거야.
물고기를 많이 잡아서 엄마랑 누나에게 가져다줄 거야."
그런데 물고기가 너무 없어요. 그리고 너무 빨라요.
동동이는 한 마리도 잡지 못했어요.

동동이는 얼음덩어리 위에 쓰러졌어요.
동동이가 탄 얼음덩어리가 남쪽으로 흘러갔어요.
작아진 얼음덩어리에 간신히 버티고 있는
삐쩍 마른 곰이 지나갔어요.

동동이는 지쳐서 잠이 들었어요.
무너진 빙산 옆을 지나 남쪽으로 남쪽으로 흘러갔어요.
동동이는 아무것도 모르고 잠만 잤어요.

동동이는 아주아주 커다란 물고기를 잡았어요.
엄마랑 아라랑 모두모두 물고기를 먹었어요.
먹어도 먹어도 물고기는 줄어들지 않았어요.
엄마와 아라와 동동이는 행복했어요.

아앗!
물고기가 사라졌어요. 엄마와 아라도 사라졌어요.
"엄마!"
"누나!"
동동이는 소리를 지르며 잠에서 깨어났어요.

"으아악!"
엉덩이가 타는 것처럼 뜨거웠어요.
타고 온 얼음이 다 녹아 뜨거운 모래밭에 엉덩이가 닿은 거예요.
"으아악! 엉덩이가 뜨거워!"
동동이는 소리쳤어요.

숨이 턱턱 막혔어요.
"엄마! 엄마! 살려 주세요."
동동이는 모래밭을 뒹굴었어요.

"엄마, 동동이는 죽을 것만 같아요.
살려 주세요!"

돌아가지 못한 통키

통키가 세상을 떠났어요. 우리나라에 남아 있던 마지막 북극곰이었는데…….

불쌍한 북극곰!

북극곰이 사라지고 있어요. 그들의 삶의 터전인 북극이 변해 가고 있기 때문이지요. 가장 큰 변화는 기후에 있어요. 지구의 기온이 올라가면서 북극의 얼음덩어리들이 녹기 시작했어요.

얼음덩어리 위에 올라 사냥을 하는 북극곰들은 먹이를 구할 수 없게 된 거지요. 사냥을 하지 못한 북극곰은 어떻게 될까요?

이 책 속에는 삶의 터전을 빼앗긴 북극곰들의 슬픔과 고통이 담겨 있어요. 동화에 등장하는 동물들은 대부분 씩씩하고 활발한 모습을 보이지요. 하지만 이 책 속의 북극곰에게서는 그런 모습을 찾지 못할 거예요.

이 책 속의 주인공은 하루하루 살아 내는 것만으로도 힘겨운 환경 속에 놓여 있으니까요. 슬프더라도 두 눈 크게 뜨고 북극곰들의 삶을 지켜봐 주세요.

북극이 곰들마저 살 수 없는 곳이 되어 버린 데에는 우리 사람들의 책임이 커요. 공장의 굴뚝, 자동차, 전기를 생산해 내는 발전소 같은 곳에서 뿜어내는 해로운 물질, 쓰레기 따위 때문에 지구의 온도가 올라간 거니까요.

북극곰이 사라진 세상은 어떨까요?

먼 훗날 우리는 이렇게 말하게 될지도 몰라요.

"옛날에는 북극에 곰이 살았단다. 지금은 사라져 버렸지만······."이라고요.

정말 그런 날이 와서는 안 되겠지요? 그런 날이 오지 않기를 바라는 간절함으로 이 책을 읽어 주세요.

우리가 북극곰을 위해 할 수 있는 일이 무엇인지 생각하면서요. 그것이 우리가 북극곰에게 줄 수 있는 가장 큰 선물일 테니까요.

소중애

글 · 그림 소중애

단국대학교 교육대학원 국어교육학과를 졸업하고, 1982년『아동문학평론지』로 등단했습니다.
펴낸 책으로는『흑기사 황보찬일』,『세상에 나쁜 아이는 없다』,『요코 할바는 내 제자』,『노랑』등 170여 권이 있습니다. 초등학교에서 어린이들을 가르치다가 퇴임하고 현재 숲속 작은 집에서 어린이를 위한 글만 쓰고 있습니다.
소천아동문학상, 해강아동문학상, 한국아동문학상, 방정환문학상 수상 외 다수 수상했습니다.

북극곰 엉덩이가 뜨거워!

2019년 2월 10일 초판 1쇄 발행
2021년 7월 10일 초판 3쇄 발행

글·그림	소중애
펴낸이	양진오
펴낸데	(주)교학사
주 소	서울특별시 마포구 마포대로 14길 4
전 화	영업 (02) 7075-147 편집 (02) 7075-350
등 록	1962년 6월 26일 (18-7)
편 집	조선희, 고덕규, 황정순

ⓒ 소중애 2019
ISBN 978-89-09-20785-0 77810

이 도서의 국립중앙도서관 출판시도서목록(CIP)은 서지정보유통지원시스템 홈페이지(http://seoji.nl.go.kr)와 국가자료공동목록시스템(http://www.nl.go.kr/kolisnet)에서 이용하실 수 있습니다. (CIP제어번호 : CIP2019000790)

*잘못 만들어진 책은 구입하신 서점에서 바꾸어 드립니다.
*이 책 내용의 전부 또는 일부를 재사용하려면 반드시 지은이와 (주)교학사 양측의 동의를 받아야 합니다.
⚠ 책 모서리가 날카로우니 떨어뜨리지 않도록 주의하시고, 책장을 넘길 때 베이지 않도록 주의하시기 바랍니다.
  (사용 연령:만 3세 이상)

함께자람은 (주)교학사의 유아·어린이 책 브랜드입니다.